I0476453

Lavoro all'estero

del collaboratore di impresa

Trasferte, Trasferimento, Distacco, Assunzione locale

Aspetti giuslavoristici, contributivi, fiscali e operativi

Avv. Francesca Di Bon Pellicciolli

Avv. Roberto Colantonio

Edizione 2015

Lavoro all'estero

Il blog **Lavoratorieimprese.com** è uno spazio condiviso per l'impresa e i suoi collaboratori. Dal 2015 **Lavoratorieimprese** è anche una collana di piccoli e agili volumi tematici sul diritto del lavoro, disponibili su Amazon in forma cartacea ed e-book.

Le monografie di **Lavoratorieimprese** si affiancano alle nostre pubblicazioni professionali presso gli Editori IPSOA e Iemme Edizioni, rivolte ad un pubblico più vasto.

Potete seguire gli aggiornamenti sul blog o scrivendoci un'e-mail a:

f.dibonp@glawbe.com

info@studiocolantonio.com

Cordialmente

Francesca Di Bon Pellicciolli　　　　　*Roberto Colantonio*

INDICE

1. Le imprese italiane e l'internazionalizzazione

Non solo import / export.

Internazionalizzarsi è importante, spesso vitale per un'impresa italiana.

Ma vanno innanzitutto sfatati i falsi miti che in questo campo, come negli altri, portano l'imprenditore ad errori che possono rivelarsi fatali, impiegando male e dispersivamente le già ridotte risorse disponibili.

Premettiamo allora poche, semplici indicazioni.

L'internazionalizzazione non è per tutti.

Ci sono imprese per le quali aprirsi a mercati esteri è inutile o addirittura dannoso.

L'internazionalizzazione, poi, non si riduce ad un aspetto commerciale o di volume di vendite.

Creare un doppelganger estero di un'impresa nazionale sarebbe come comprare due abiti perfettamente uguali per diverse occasioni.

Terzo, per andare sui mercati esteri non è ammessa né tantomeno perdonata l'improvvisazione e non basta l'intuito o il fiuto per gli affari. L'imprenditore italiano è ancora intrappolato in vecchi schemi da "uomo rinascimentale", il prototipo del self made man, che riuniva in sé tutte le competenze e i saperi.

L'internazionalizzazione ha bisogno di un piano, per i suoi aspetti strategici, e di una programmazione, per i suoi rilievi tattici, per non ritrovarsi come Napoleone a Sant'Elena per aver perso una sola battaglia.

Detto questo, internazionalizzarsi non è nient'affatto impossibile o per pochi "eletti".

Le debolezze strutturali del sistema Italia ci sono e non saranno risolte su un piano privatistico dai singoli operatori.

Ma queste debolezze possono e debbono essere affrontate e, per quanto possibile, gestite.

Un aspetto che un imprenditore italiano deve curare e migliorare, per ridurre costi e conflittualità ed anche per liberare e valorizzare energie positive a vantaggio dell'impresa, è la gestione del personale e dei rapporti di lavoro con i suoi collaboratori.

Il diritto del lavoro italiano.

Dagli anni sessanta ai novanta, l'Italia ha fatto scuola nel mondo per la sua legislazione giuslavoristica. E non è forse un caso che l'avanzamento dei diritti e delle tutele dei lavoratori subordinati sia stato il frutto non solo del recepimento e sviluppo di principi già contenuti in nuce nella Costituzione repubblicana, ma che si siano inseriti in un contesto di grande prosperità economica della nazione.

Tuttavia il dialogo tra il diritto e l'impresa da allora ha cominciato a disconnettersi, di pari passo con l'apertura alla globalizzazione dopo la caduta del Muro di Berlino, per un irrigidimento reciproco su posizioni di diritti quesiti, da un lato, e le esigenze spietate della concorrenzialità.

Imprese con appena sedici dipendenti venivano – e in un certo senso lo sono ancora – poste praticamente sullo stesso piano di grandi aziende e la tutela reale assumeva involontariamente i foschi connotati di un privilegio, visto e considerato che un Referendum per allargarne la portata veniva inaspettatamente respinto[1] con il voto popolare del pubblico impiego privatizzato e della "residua" classe operaria dei grandi stabilimenti.

Di recente, il Jobs Act ha eliminato la reintegrazione nel posto di lavoro per licenziamenti illegittimi, sempre nell'area della cd. tutela reale; il costo del lavoro resta comunque troppo alto, con gravi oneri fiscali e contributi posti sul datore di lavoro sostituto di imposta.

Il lavoratore subordinato italiano costa, dunque, molto[2].

Ma in definitiva il costo di un collaboratore di impresa va rapportato all'utilità, qualitativa e quantitativa, che dal suo lavoro l'impresa ne

[1] Nel 2003 per mancato raggiungimento del quorum.

[2] Vedi: Lavorare in nero, breve manuale a difesa del lavoratore irregolare. Di Roberto Colantonio. Iemme Edizioni, 2014. Disponibile in Libreria e su Feltrinelli.it, Ibs.it, Amazon.it

ricava. I lavoratori subordinati sono a tutti gli effetti *assets* e questo non significa sminuirli o "mercificarli", tutt'altro.

Un dipendente che sia "sostenibile" non dovrà temere per la prosecuzione del suo rapporto di lavoro e sarà cura del datore di lavoro motivarlo e legarlo a sé con patti di non concorrenza, sia in corso di rapporto che dopo la sua eventuale cessazione[3], reciprocamente proficui.

Da qui la necessità, anche per il lavoratore subordinato, di allargare i suoi orizzonti in una prospettiva carri eristica e in definitiva di qualità della vita.

La risorsa degli expat.

Ed ecco che un lavoratore subordinato italiano, caratterizzato da una formazione, professionalità e specializzazione in media buona, con punte di eccellenza – che è l'altra faccia della medaglia, e quasi il portato della nostra "storica" disorganizzazione e frammentizzazione imprenditoriale -, vede giustificare il suo "costo" soprattutto in contesti esteri, sui nuovi mercati emergenti, Medio Oriente e Sud Est Asiatico su tutti.

[3] Vedi: Divieto di concorrenza per il collaboratore di impresa. Di Roberto Colantonio in Commentario per imprese, 2014. Disponibile su www.lungo questa

"truppa" scelta di expat[4], motivandoli adeguatamente, significa poter iniziare da subito attività di impresa in luoghi "deserti" per il clima come per manodopera qualificata e formare fin da subito le nuove leve locali per una prospettiva già di medio termine.

Lavoro all'estero. Pianificazione.

Pianificazione, si diceva. Anche del lavoro all'estero del collaboratore di impresa. Perché è necessario un nuovo approccio, attraverso il quale i vari aspetti coinvolti, dal piano puramente giuslavoristico a quella contributivo, dall'incidenza fiscale a quello operativo degli adempimenti burocratici - amministrativi, vadano affrontati unitariamente per la buona ed economica riuscita dell'operazione.

L'imprenditore privato è un soggetto "che decide" e che poi si mette in moto per realizzare quello che ha deciso.

Parlargli solo di un aspetto non gli servirebbe a nulla, né è quello che richiede al suo consulente, quando finalmente si è deciso – perché anche questa è, ovviamente, una sua decisione e da uomo rinascimentale, autosufficiente in tutto, va riconosciuto che è una ammissione che gli costa – a compulsarne uno perché gli illustri il "libretto di istruzioni".

2. Gli istituti contrattuali del Lavoro all'estero

[4] Diversa è la tematica delle cd. "tigri grigie", ovvero manager e lavoratori sì altamente qualificati ma a fine carriera o in pensionamento.

Il potere organizzativo e direttivo del datore di lavoro.

Il rapporto di lavoro subordinato instaura diritti e doveri corrispettivi nelle due parti: il datore e il prestatore di lavoro.

Non è, come la stessa allocuzione di "subordinazione" mette fin da subito in chiaro, un rapporto paritario. Il rapporto gerarchico e il suo corollario del potere disciplinare servono a dare forza al vero potere del datore di lavoro, quello di imprimere la sua volontà all'organizzazione e la direzione della impresa, la "rotta" da seguire.

I dipendenti, prima ancora che *assets*, risorse, sono individui, persone e, di conseguenza, il potere datoriale non può essere arbitrario o incondizionato.

Vi sono altre esigenze concorrenti, a cui l'ordinamento giuridico riconosce tutela, quali il diritto del lavoratore a prestare le proprie energie lavorative nella sede originaria di lavoro per la quale è stato assunto.

Infatti, se l'attività di impresa, soprattutto in una dimensione di internazionalizzazione, spazia a tutto campo tra vari sedi, uffici e succursali, al lavoratore non può essere richiesto "irragionevolmente" di mutare continuamente residenza, perché questo influirebbe sulle scelte di vita sue e della sua famiglia. Non solo, ma un mutamento della sede del lavoro potrebbe nascondere un tentativo di mobbing e di indurre il lavoratore a dimettersi.

Pertanto il legislatore dà grande rilievo all'elemento del consenso del lavoratore.

L'elemento temporale come elemento decisivo.

L'elemento temporale del mutamento della sede di lavoro assume rilevanza decisiva e quanto alla operatività concreta dei poteri datoriali e come individualizzante dell'istituto contrattuale e, dunque, della disciplina applicabile.

Nell'ambito del diritto del lavoro il dato sostanziale prevale sul formalismo del nomen iuris per qualificare il sottostante rapporto.

Non basta, ad esempio, definire come trasferta quello che, nei fatti, è un vero e proprio distacco, perché si abbia trasferta e non, appunto, distacco, a tutti gli effetti giuridici, fiscali e previdenziali, nonché nei rapporti trilaterali distaccante – distaccato - distaccatario.

Fondamentalmente, abbiamo quattro ipotesi principali:

- TRASFERTA
- TRASFERIMENTO
- DISTACCO
- ASSUNZIONE LOCALE

TRASFERTA

È l'ipotesi più semplice e duttile. È anche chiamata: viaggio di lavoro o d'affari.

Unilateralmente, e senza necessità di consenso, il datore di lavoro può decidere di inviare in trasferta un dipendente, in Italia e all'estero, a svolgere, per un periodo breve e limitato, la sua attività lavorativa.

La trasferta risponde ad esigenze occasionali ed eccezionali e, di conseguenza, molto spesso non c'è spazio o tempo per un preavviso molto lungo.

Il lavoratore in trasferta è e resta un dipendente subordinato del suo datore di lavoro, con i relativi vincoli di diligenza, fedeltà, subordinazione e, se richiesto dalle mansioni e dall'incarico, di segretezza; non potrebbe, ad es., legittimamente richiedere e-o percepire emolumenti economici, anche di semplici regalie e mance, dalle controparti della sua impresa con le quali viene in contatto durante la trasferta. A pena di una contestazione di carattere disciplinare.

Con il conferimento di un eventuale apposito mandato, può agire in suo nome e per suo conto, con la cd. spendita del nome.

Ma quanto può "durare" una trasferta? O, meglio, qual è la ragionevole durata di una trasferta rispetto ad altri, più invasivi, istituti contrattuali?

In una recente pronuncia, la Suprema ha ritenuto che "*la qualificazione dell'assegnazione di un lavoratore ad una sede estera in termini di trasferta o trasferimento, al pari di quella relativa alla natura retributiva, risarcitoria o mista dei trattamenti economici aggiuntivi attribuiti, è riservata al giudice di merito, la cui valutazione costituisce giudizio di fatto che, se congruamente motivato, non è censurabile dal giudice di legittimità"* confermando *"la sentenza di merito che aveva ritenuto, con riferimento a corrispondente estero di testata giornalistica italiana, trattarsi di trasferta, in ragione della previa fissazione della durata della destinazione estera - con previsione alla scadenza dell'assegnazione ad una nuova e diversa sede - e del permanente legame del corrispondente con l'originaria sede di servizio, con conseguente natura mista delle somme corrisposte per canone locativo, biglietti aerei per ferie, spese scolastiche per i figli, spese assicurative e pagamento di utenze domestiche.[5]"*

In tema, la Cassazione ha stabilito che: *"per poter distinguere tra mera trasferta e trasferimento vero e proprio occorre guardare alla durata del provvedimento, atteso che la trasferta si caratterizza per la temporaneità dell'assegnazione del dipendente ad una sede diversa da quella abituale, mentre il trasferimento è caratterizzato da un mutamento tendenzialmente definitivo della sede di lavoro.[6]"*

***

Con gli istituti del trasferimento e del distacco, come accennato, il potere datoriale si scontra con il necessario consenso del lavoratore.

---

[5] Cfr. Cassazione civile sez. lav. 01 settembre 2014 n. 18479

[6] Cfr. Cassazione civile sez. lav. 06 ottobre 2008 n. 24658

Con il trasferimento il mutamento della sede di lavoro del dipendente diventa definitivo.

Per giustificare un provvedimento così pregnante, la legge richiede "comprovate ragioni tecniche, organizzative e produttive.[7]"

Il passaggio è, sempre alle dipendenze del medesimo datore di lavoro, da un'unità produttiva ad un'altra; nozione, quest'ultima, di unità produttiva, non sempre univoca in Giurisprudenza.

Ed anche sulle ragioni tecniche, organizzative e produttive sono sorti non pochi dubbi.

Al Giudice adito non è concesso sindacare nel merito le scelte imprenditoriali – tanto sarebbe in contrasto con i principi costituzionali della libertà di iniziativa economica -, ma soltanto la loro effettiva sussistenza. In altre parole, il trasferimento non deve essere una scusa per punire o liberarsi di un dipendente sgradito, aggirando il divieto di licenziamenti ingiustificati.

Perché in tal caso il rifiuto da parte del lavoratore sarebbe legittimo.

Cfr. Cassazione civile sez. lav. 04 dicembre 2012 n. 21712 la quale ha *"confermato la sentenza di merito che aveva ritenuto giustificato il rifiuto di due dipendenti, licenziati per soppressione del posto, di accettare la proposta alternativa di trasferimento ad altra sede lontana, attesa l'onerosità delle spese conseguenti a tale diversa destinazione)."*

[7] Cfr. art. 2103 c.c.

Ed anche, come principio tralaticio: *"la violenza morale esercitabile dal datore di lavoro, che può determinare l'annullabilità delle dimissioni rassegnate dal lavoratore, può esprimersi secondo modalità variabili e indefinite, anche non esplicite; può agire anche solo come concausa, ed essere ravvisata nella minaccia dell'esercizio di un diritto, quando la relativa prospettazione sia immotivata e strumentale. (Nella specie, il datore di lavoro aveva disposto il trasferimento di un dipendente in una sede lontana dal suo luogo di residenza e il lavoratore aveva rassegnato le dimissioni al fine di evitare il trasferimento ed il connesso mutamento di mansioni, ed aveva poi impugnato in giudizio l'atto risolutivo; la S.C. ha confermato la sentenza impugnata, che aveva escluso la configurabilità di una coartazione della volontà del dipendente nella determinazione di rassegnare le dimissioni, riscontrando anzi l'attribuzione al lavoratore di mensilità aggiuntive quale incentivo all'esodo).[8]"*

Più è grande l'azienda, più è lontana la nuova sede, tanto più sarà difficile per il datore di lavoro assolvere all'onere della prova posto a suo carico circa la giustificatezza – sarebbe forse meglio dire: l'ineluttabilità – del disposto trasferimento.

DISTACCO

La fattispecie che presenta profili più indefinibili è senz'altro quella del distacco del lavoratore subordinato.

Non breve ed episodica come la trasferta, non definitiva – almeno, non tendenzialmente – come il trasferimento. Ed entra in gioco un

[8] Cfr. Cassazione civile sez. lav. 01 dicembre 2010 n. 24363

terzo soggetto, avente natura imprenditoriale: il distaccatario.

Il distacco ha faticato a ritagliarsi uno spazio di legittima operatività stretto com'era dal divieto di intermediazione fittizia nel rapporto di lavoro. C'è voluta la legge Biagi per dare autonoma dignità ad un'esigenza molto sentita nell'impresa privata e di cui anche il datore di lavoro pubblico spesso si serve.

Con il distacco un datore di lavoro, che resta titolare del rapporto, invia un suo dipendente, distaccato, a lavorare alle dipendenze di un altro imprenditore, il distaccatario, perché così il distaccante ha interesse che accada.

L'interesse non sta solo nel fatto che, perdurante il distacco, sarà il secondo imprenditore ad accollarsi gli oneri economici e contributivi del lavoratore. Altrimenti si avrebbe un'ipotesi di mera intermediazione, di per sé illecita se non esercitata nelle forme e con le autorizzazioni e garanzie previste dalla legge Biagi, si vedano le varie Manpower e simili.

È necessario che il distaccante, che mette in moto l'intero procedimento, sia portatore di un proprio, meritevole, interesse.

Interesse che può consistere in un'esigenza di controllo del distaccatario e della sua produzione, di piena messa in opera della sua attività e di addestramento delle sue maestranze od anche per realizzare appieno la collaborazione tra le due compagini[9].

---

[9] Al punto che attualmente è ammesso il cd. Distacco infragruppo.

Un interesse, dunque. Produttivo, ovvero apprezzabile economicamente.

E di carattere necessariamente temporaneo, che non può sopravvivere al soddisfacimento - o alla perdita - dell'interesse medesimo.

Proprio perché in questa situazione anomala il potere direttivo e organizzativo si scinde per i suoi aspetti di straordinaria amministrazione (promozione, cessazione, trasferimento, revoca del distacco) in capo al distaccante e di ordinaria amministrazione (la gestione del rapporto di lavoro e il potere gerarchico e disciplinare che per il distaccante sarebbero peraltro impossibile esercitare durante il distacco) a carico del distaccatario.

Anche qui temporaneità non si traduce in un conto preciso di mesi o anni, bensì di ragionevole durata.

Interesse e temporaneità non sono gli unici, a dir il vero non troppo stringenti, vincoli per l'imprenditore che voglia distaccare un suo lavoratore.

Il consenso di quest'ultimo torna determinante nel caso di assegnazione a mansioni diverse da quelle che svolgeva per il distaccante, come esplicazione di un principio generalissimo nel diritto del lavoro[10].

---

[10] E, per lo stesso principio, formulato dal cit. art. 2103 c.c., il distaccato può essere adibito, anche senza il suo consenso, a mansioni equivalenti da svolgere per il distaccatario.

E, se la nuova, temporanea, sede di lavoro è lontana oltre 50 km[11] da quella originaria, il datore distaccante deve assicurarsi di star agendo legittimamente, secondo l'ampia, ricordata, formula delle *"comprovate ragioni tecniche, produttive, organizzative o sostitutive"*.

Ma leggiamo la norma nella sua interezza e nel suo testo vigente, al netto dei successivi interventi legislativi[12]: *"1. L'ipotesi del distacco si configura quando un datore di lavoro, per soddisfare un proprio interesse, pone temporaneamente uno o più lavoratori a disposizione di altro soggetto per l'esecuzione di una determinata attività lavorativa.*

2. In caso di distacco il datore di lavoro rimane responsabile del trattamento economico e normativo a favore del lavoratore.

3. Il distacco che comporti un mutamento di mansioni deve avvenire con il consenso del lavoratore interessato. Quando comporti un trasferimento a una unità produttiva sita a più di 50 km da quella in cui il lavoratore è adibito, il distacco può avvenire soltanto per comprovate ragioni tecniche, organizzative, produttive o sostitutive.

4. Resta ferma la disciplina prevista dall'articolo 8, comma 3, del decreto-legge 20 maggio 1993, n. 148, convertito, con modificazioni, dalla legge 19 luglio 1993, n. 236.

4-bis. Quando il distacco avvenga in violazione di quanto disposto dal comma 1, il lavoratore interessato può chiedere, mediante ricorso giudiziale a norma dell' ~~esse perfersa normalmente, in senso e nell'avere, già lavoratore tale da non~~ considerarlo, anche solo di fatto, trasferito.

[11] Una distanza, evidentemente, considerata dal Legislatore la massima tollerabile per essere percorsa normalmente, in un senso e nell'altro, dal lavoratore tale da non considerarlo, anche solo di fatto, trasferito.

[12] Compresa la recente introduzione dei Contratti di rete.

articolo 414 del codice di procedura civile , *notificato anche soltanto al soggetto che ne ha utilizzato la prestazione, la costituzione di un rapporto di lavoro alle dipendenze di quest'ultimo. In tale ipotesi si applica il disposto dell'articolo 27 , comma 2 (1).*

4-ter. Qualora il distacco di personale avvenga tra aziende che abbiano sottoscritto un contratto di rete di impresa che abbia validità ai sensi del decreto-legge 10 febbraio 2009, n. 5, convertito, con modificazioni, dalla legge 9 aprile 2009, n. 33, l'interesse della parte distaccante sorge automaticamente in forza dell'operare della rete, fatte salve le norme in materia di mobilità dei lavoratori previste dall'articolo 2103 del codice civile. Inoltre per le stesse imprese e' ammessa la codatorialità dei dipendenti ingaggiati con regole stabilite attraverso il contratto di rete stesso (2).

(1) Comma aggiunto dall' articolo 7, comma 1, del D.Lgs. 6 ottobre 2004, n. 251.

(2) Comma aggiunto dall'articolo 7, comma 2, lettera 0a) del D.L. 28 giugno 2013, n. 76, convertito, con modificazioni, dalla Legge 9 agosto 2013, n. 99.

ASSUNZIONE LOCALE.

Può accadere che le imprese e il lavoratore si accordino affinché questi rescinda consensualmente il suo originario rapporto di lavoro per instaurarne un altro con la seconda ditta nel paese estero.

Si tratta di una scelta costosa per il lavoratore, che vede azzerarsi la sua anzianità di servizio e la progressione del TFR che a questo punto, cessando il primo rapporto, viene erogato nell'importo fino ad allora maturato e che può essere compensata variamente con dei benefit. Per tacere di eventuali problemi (e costi) di ricongiunzione previdenziale[13]. Ed è una scelta potenzialmente pericolosa, in termini di conflittualità giudiziale e stragiudiziale, per la prima azienda che potrebbe vedersi citata in giudizio, nei termini applicabili di prescrizione, dal lavoratore che impugna per simulazione le dimissioni e il nuovo contratto, sostenendo la sostanziale continuità con il primo rapporto di lavoro alle sue dipendenze.

Quantomeno le parti avranno l'accortezza di lasciare un tempo di effettiva oltre che formale interruzione tra i due distinti rapporti di lavoro, come previsto ad es., per altra ipotesi, a proposito di successione di contratti a termine[14]. E potrebbe comunque non bastare a respingere eventuali future pretese dell'ex dipendente.

Evidentemente una scelta inutilmente complicata[15] se le reali intenzioni del datore di lavoro sono di effettuare un distacco o un trasferimento.

---

[13] Con il distacco in un Paese estero, come vedremo, il rapporto previdenziale nazionale prosegue senza soluzioni di continuità.

[14] Di non meno di 30 – 50 giorni.

[15] Per non dire di quanto tra i due datori di lavoro sussistono legami societari di controllante a controllante o comunque di colleganza e compartecipazione.

3. Trattamento economico del Lavoro all'estero

La retribuzione e i suoi principi giuridici fondamentali.

La retribuzione non rappresenta semplicemente un credito in capo al lavoratore o l'altra faccia della corrispettività nel rapporto di lavoro con l'impresa.

La retribuzione ha rango costituzionale per il ruolo che le viene riconosciuto: quello di servire al sostentamento del lavoratore e della sua famiglia. Per raggiungere questo scopo deve essere *"proporzionata ed adeguata al suo lavoro ...*[16]*"*

L'imprenditore sceglie di iniziare un'attività economica e di conseguenza si accolla il cd. rischio di impresa.

La scelta del lavoratore è limitata alle occasioni di lavoro che gli sono offerte e va pagato indipendentemente dai risultati in attivo o perdita del suo datore di lavoro, la sua è un'obbligazione di mezzi. Gli si chiede di prestare le sue energie lavorative, secondo le mansioni e l'orario previsto, alle dipendenze e sotto la direzione del datore.

La contrattazione collettiva ha quantificato, per ogni settore di attività, la misura dei livelli minimi retribuzione. Livelli che non possono essere inderogabili in peius, con salvezza del trattamento più favorevole per il lavoratore.

---

[16] Cfr. art. 36 Cost.

Ai menzionati principi fondamentali per completare il quadro di riferimento ne va aggiunto un altro: la retribuzione ha una forza attrattiva rivolta ad inglobare in sé più elementi possibile.

La Giurisprudenza ha elaborato in proposito il concetto di retribuzione globale di fatto, stabilendo caso per caso quali elementi della busta paga devono considerarsi fissi e perciò acquisiti dal lavoratore e, a parità di condizioni, non più revocabili dal datore.

Riconoscere una particolare indennità in più o altro emolumento una tantum potrebbe rivelare per il datore involontarie conseguenze economiche più durature. È con il discrimine tra elementi fissi ed elementi variabili che va affrontato il discorso che segue sulla busta paga del lavoratore all'estero.

A titolo esemplificativo e non esaustivo si indicano le voci normalmente previste in questi casi nel cedolino paga:

La busta paga di un lavoratore in trasferta. (Indennizzi per periodi di breve permanenza all'estero):

- indennità di trasferta;
- forfetizzazione degli straordinari;
- rimborso spese di trasporto;
- rimborso spese viaggio;

- rimborso spese vitto;

- rimborso spese alloggio;

- rimborso spese sostenute per far fronte all'assegnazione all'estero (rinnovo passaporto, visite mediche, etc.)

La busta paga di un lavoratore in distacco. (medio/lungo periodo di permanenza all'estero):

- indennità per maggior costo vita (cd C.O.L.A. – Cost of living allowance);

- indennità per servizi prestati all'estero;

- indennità prima sistemazione;

- indennità per rischi derivanti dall'oscillazione del cambio;

- rimborso e indennità per spese di trasloco;

- rimborso spese viaggio di inizio e fine assegnazione;

- rimborso spese vitto e alloggio;

- corsi di lingua per il lavoratore e i suoi famigliari;

- pagamento spese scolastiche per i figli dei lavoratore;

- polizze assicurative;

- spese per le pratiche di immigrazione;

- rimborso spese vive sostenute per le trasferte effettuate durante l'assegnazione all'estero, etc.

4. La tassazione del Lavoro all'estero

L'art. 51 del TUIR

L'aspetto fiscale è particolarmente importante anche per il Lavoro all'estero, sia che si tratti di distacco che di un'altra delle forme che abbiamo esaminato.

E l'impresa deve interessarsene, nell'ambito della sua complessiva strategia e gestione del personale, in quanto sostituto di imposta per i propri dipendenti.

La norma di riferimento per i redditi da lavoro dipendente, estero o non estero, è l'art. 51 del Testo Unico Imposte sui Redditi[17], che dispone, esaustivamente, in ordine alla determinazione di detto reddito, che:

"1. Il reddito di lavoro dipendente e' costituito da tutte le somme e i valori in genere, a qualunque titolo percepiti nel periodo d'imposta, anche sotto forma di erogazioni liberali, in relazione al rapporto di lavoro. Si considerano percepiti nel periodo d'imposta anche le somme e i valori in genere, corrisposti dai datori di lavoro entro il giorno 12 del mese di gennaio del periodo d'imposta successivo a quello cui si riferiscono.
2. Non concorrono a formare il reddito:
a) i contributi previdenziali e assistenziali versati dal datore di lavoro o dal lavoratore in ottemperanza a disposizioni di legge; i contributi di assistenza sanitaria versati dal datore di lavoro o dal lavoratore ad enti o casse aventi esclusivamente fine assistenziale in conformità a disposizioni di contratto o di accordo o di regolamento aziendale, che operino negli ambiti di intervento stabiliti con il decreto del Ministro della salute di cui all'articolo 10, comma 1, lettera e-ter), per un importo non superiore complessivamente ad euro 3.615,20. Ai fini del calcolo del predetto limite si tiene conto anche dei contributi di assistenza sanitaria versati ai sensi dell'articolo 10, comma 1, lettera e-ter);
[b)][1]

c) le somministrazioni di vitto da parte del datore di lavoro, nonché quelle in mense organizzate direttamente dal datore di lavoro o gestite da terzi, o, fino all'importo complessivo giornaliero di

___

[17] Cfr. D.P.R. 22/12/1986 n° 917 e successive modifiche

euro 5,29, aumentato a euro 7 nel caso in cui le stesse siano rese in

forma elettronica, le prestazioni e le indennità sostitutive corrisposte agli addetti ai cantieri edili, ad altre strutture lavorative a carattere temporaneo o ad unità produttive ubicate in zone dove manchino strutture o servizi di ristorazione; (⁶)

c-bis) per i servizi di trasporto ferroviario di persone prestati gratuitamente, si assume, al netto degli ammontari eventualmente trattenuti, l'importo corrispondente all'introito medio per passeggero/chilometro, desunto dal Conto nazionale dei trasporti e stabilito con decreto del Ministro delle infrastrutture e dei trasporti, per una percorrenza media convenzionale, riferita complessivamente ai soggetti di cui al comma 3, di 2.600 chilometri. Il decreto dei Ministro delle infrastrutture e dei trasporti e' emanato entro il 31 dicembre di ogni anno ed ha effetto dal periodo di imposta successivo a quello in corso alla data della sua emanazione.

d) le prestazioni di servizi di trasporto collettivo alla generalità o a categorie di dipendenti; anche se affidate a terzi ivi compresi gli esercenti servizi pubblici;

e) i compensi reversibili di cui alle lettere b) ed f) del comma 1 dell'articolo 47;

f) l'utilizzazione delle opere e dei servizi di cui al comma 1 dell'articolo 65 da parte dei dipendenti e dei soggetti indicati nell'articolo 12;

f-bis) le somme, i servizi e le prestazioni erogati dal datore di lavoro alla generalità dei dipendenti o a categorie di dipendenti per la frequenza degli asili nido e di colonie climatiche da parte dei familiari indicati nell'articolo 12, nonché per borse di studio a favore dei medesimi familiari.⁽²⁾

g) il valore delle azioni offerte alla generalità dei dipendenti per un importo non superiore complessivamente nel periodo d'imposta a lire 4 milioni, a condizione che non siano riacquistate dalla società emittente o dal datore di lavoro o comunque cedute prima che siano trascorsi almeno tre anni dalla percezione; qualora le azioni siano cedute prima del predetto termine, l'importo che non ha concorso a formare il reddito al momento dell'acquisto e' assoggettato a tassazione nel periodo d'imposta in cui avviene la cessione;

[g-bis)]⁽³⁾

h) le somme trattenute al dipendente per oneri di cui all'articolo 10 e alle condizioni ivi previste, nonché le erogazioni effettuate dal datore di lavoro in conformità a contratti collettivi o ad accordi e regolamenti aziendali a fronte delle spese sanitarie di cui allo stesso articolo 10, comma 1, lettera b). Gli importi delle predette somme ed erogazioni devono essere attestate dal datore di lavoro;

i) le mance percepite dagli impiegati tecnici delle case da gioco (croupiers) direttamente o per effetto del riparto a cura di appositi organismi costituiti all'interno dell'impresa nella misura del 25 per cento dell'ammontare percepito nel periodo d'imposta.

i-bis) le quote di retribuzione derivanti dall'esercizio, da parte del lavoratore, della facoltà di rinuncia all'accredito contributivo presso l'assicurazione generale obbligatoria per l'invalidità', la vecchiaia ed i superstiti dei lavoratori dipendenti e le forme sostitutive della medesima, per il periodo successivo alla prima scadenza utile per il pensionamento di anzianità, dopo aver maturato i requisiti minimi secondo la vigente normativa.

2-bis. Le disposizioni di cui alle lettere g) e g-bis) del comma 2 si applicano esclusivamente alle azioni emesse dall'impresa con la quale il contribuente intrattiene il rapporto di lavoro, nonché a quelle emesse da società che direttamente o indirettamente, controllano la medesima impresa, ne sono controllate o sono controllate dalla stessa società che controlla l'impresa. La disposizione di cui alla lettera g-bis) del comma 2 si rende applicabile esclusivamente quando ricorrano congiuntamente le seguenti condizioni:

a) che l'opzione sia esercitabile non prima che siano scaduti tre anni dalla sua attribuzione;

b) che, al momento in cui l'opzione e' esercitabile, la società risulti quotata in mercati regolamentati;

c) che il beneficiario mantenga per almeno i cinque anni successivi all'esercizio dell'opzione un investimento nei titoli oggetto di opzione non inferiore alla differenza tra il valore delle azioni al momento dell'assegnazione e l'ammontare corrisposto dal dipendente. Qualora detti titoli oggetto di investimento siano ceduti o dati in garanzia prima che siano trascorsi cinque anni dalla loro assegnazione, l'importo che non ha concorso a formare il reddito di lavoro dipendente al momento dell'assegnazione e' assoggettato a tassazione nel periodo d'imposta in cui avviene la cessione ovvero la costituzione in garanzia.

3. Ai fini della determinazione in denaro dei valori di cui al comma 1, compresi quelli dei beni ceduti e dei servizi prestati al coniuge del dipendente o a familiari indicati nell'articolo 12, o il diritto di ottenerli da terzi, si applicano le disposizioni relative alla determinazione del valore normale dei beni e dei servizi contenute nell'articolo 9. Il valore normale dei generi in natura prodotti dall'azienda e ceduti ai dipendenti e' determinato in misura pari al prezzo mediamente praticato dalla stessa azienda nelle cessioni al grossista. Non concorre a formare il reddito il valore dei beni ceduti e dei servizi prestati se complessivamente di importo non superiore nel periodo d'imposta a lire 500.000; se il predetto valore e' superiore al citato limite, lo stesso concorre interamente a formare il reddito.

4. Ai fini dell'applicazione del comma 3:

a) per gli autoveicoli indicati nell'articolo 54, comma 1, lettere a), c) e m), del decreto legislativo 30 aprile 1992, n. 285, i motocicli e i ciclomotori concessi in uso promiscuo, si assume il 30 per cento dell'importo corrispondente ad una percorrenza convenzionale di 15 mila chilometri calcolato sulla base del costo chilometrico di esercizio desumibile dalle tabelle nazionali che l'Automobile club d'Italia deve elaborare entro il 30 novembre di ciascun anno e comunicare al Ministero delle finanze che provvede alla pubblicazione entro il 31 dicembre, con effetto dal periodo d'imposta successivo, al netto degli ammontari eventualmente trattenuti al dipendente;

b) in caso di concessione di prestiti si assume il 50 per cento della differenza tra l'importo degli interessi calcolato al tasso ufficiale di sconto vigente al termine di ciascun anno e l'importo degli interessi calcolato al tasso applicato sugli stessi. Tale disposizione non si applica per i prestiti stipulati anteriormente al 1 gennaio 1997, per quelli di durata inferiore ai dodici mesi concessi, a seguito di accordi aziendali, dal datore di lavoro ai dipendenti in contratto di solidarietà o in cassa integrazione guadagni o a dipendenti vittime dell'usura ai sensi della legge 7 marzo 1996, n. 108, o ammessi a fruire delle erogazioni pecuniarie a ristoro dei danni conseguenti a rifiuto opposto a richieste estorsive ai sensi del decreto-legge 31 dicembre 1991, n. 419, convertito con modificazioni, dalla legge 18 febbraio 1992, n. 172;

c) per i fabbricati concessi in locazione, in uso o in comodato, si assume la differenza tra la rendita catastale del fabbricato aumentata di tutte le spese inerenti il fabbricato stesso, comprese le utenze non a carico dell'utilizzatore e quanto corrisposto per il godimento del fabbricato stesso. Per i fabbricati concessi in connessione all'obbligo di dimorare nell'alloggio stesso, si assume il 30 per cento della predetta differenza. Per i fabbricati che non devono essere iscritti nel catasto si assume la differenza tra il valore del canone di locazione determinato in regime vincolistico o, in mancanza, quello determinato in regime di libero mercato, e quanto corrisposto per il godimento del fabbricato.

4-bis. Ai fini della determinazione dei valori di cui al comma 1, per gli atleti professionisti si considera altresì il costo dell'attività di assistenza sostenuto dalle società sportive professionistiche nell'ambito delle trattative aventi ad oggetto le prestazioni sportive degli atleti professionisti medesimi, nella misura del 15 per cento, al netto delle somme versate dall'atleta professionista ai propri agenti per l'attività di assistenza nelle medesime trattative.
(5)

5. Le indennità percepite per le trasferte o le missioni fuori del territorio comunale concorrono a formare il reddito per la parte eccedente lire 90.000 al giorno, elevate a lire 150.000 per le trasferte all'estero, al netto delle spese di viaggio e di trasporto; in caso di rimborso delle spese di alloggio, ovvero di quelle di vitto, o di alloggio o vitto fornito gratuitamente il limite e' ridotto di un terzo. Il limite e' ridotto di due terzi in caso di rimborso sia delle spese di alloggio che di quelle di vitto. In caso di rimborso analitico delle spese per trasferte o missioni fuori del territorio comunale non concorrono a formare il reddito i rimborsi di spese documentate relative al vitto, all'alloggio, al viaggio e al trasporto, nonché i rimborsi di altre spese, anche non documentabili, eventualmente sostenute dal dipendente, sempre in occasione di dette trasferte o missioni, fino all'importo massimo giornaliero di lire 30.000, elevate a lire 50.000 per le trasferte all'estero. Le indennità o i rimborsi di spese per le trasferte nell'ambito del territorio comunale, tranne i rimborsi di spese di trasporto comprovate da documenti provenienti dal vettore, concorrono a formare il reddito.

6. Le indennità e le maggiorazioni di retribuzione spettanti ai lavoratori tenuti per contratto all'espletamento delle attività lavorative in luoghi sempre variabili e diversi, anche se corrisposte con carattere di continuità, le indennità di navigazione e di volo previste dalla legge o dal contratto collettivo, i premi agli ufficiali piloti dell'Esercito italiano, della Marina militare e dell'Aeronautica militare di cui all'articolo 1803 del codice dell'ordinamento militare, i premi agli ufficiali piloti del Corpo della Guardia di finanza di cui all'articolo 2161 del citato codice, nonché le indennità di cui all'articolo 133 del decreto del Presidente della Repubblica 15 dicembre 1959, n. 1229 concorrono a formare il reddito nella misura del 50 per cento del loro ammontare. Con decreto del Ministro delle finanze, di concerto con il Ministro del lavoro e della previdenza sociale, possono essere individuate categorie di lavoratori e condizioni di applicabilità della presente disposizione. [6]

7. Le indennità di trasferimento, quelle di prima sistemazione e quelle equipollenti, non concorrono a formare il reddito nella misura del 50 per cento del loro ammontare per un importo complessivo annuo non superiore a lire 3 milioni per i trasferimenti all'interno del territorio nazionale e 9 milioni per quelli fuori dal territorio nazionale o a destinazione in quest'ultimo. Se le indennità in questione, con riferimento allo stesso trasferimento, sono corrisposte per più anni, la presente disposizione si applica solo per le indennità corrisposte per il primo anno. Le spese di viaggio, ivi comprese quelle dei familiari fiscalmente a carico ai sensi dell'articolo 12, e di trasporto delle cose, nonché le spese e gli oneri sostenuti dal dipendente in qualità di conduttore, per recesso dal contratto di locazione in dipendenza dell'avvenuto trasferimento della sede di lavoro, se rimborsate dal datore di lavoro e analiticamente documentate, non concorrono a formare il reddito anche se in caso di contemporanea erogazione delle suddette indennità.

8. Gli assegni di sede e le altre indennità percepite per servizi prestati all'estero costituiscono reddito nella misura del 50 per cento. Se per i servizi prestati all'estero dai dipendenti delle amministrazioni statali la legge prevede la corresponsione di una indennità base e di maggiorazioni ad esse collegate concorre a formare il reddito la sola indennità base nella misura del 50 per cento nonché il 50 per cento delle maggiorazioni percepite fino alla concorrenza di due volte l'indennità base. Qualora l'indennità per servizi prestati all'estero comprenda emolumenti spettanti anche con riferimento all'attività prestata nel territorio nazionale, la riduzione compete solo sulla parte eccedente gli emolumenti predetti. L'applicazione di questa disposizione esclude l'applicabilità di quella di cui al comma 5. [7]

9. Gli ammontari degli importi che ai sensi del presente articolo non concorrono a formare il reddito di lavoro dipendente possono essere rivalutati con decreto del Presidente del Consiglio dei Ministri, previa deliberazione del Consiglio dei Ministri, quando la variazione percentuale del valore medio dell'indice dei prezzi al consumo per le famiglie di operai e impiegati relativo al periodo di dodici mesi terminante al 31 agosto supera il 2 per cento rispetto al valore medio del medesimo indice rilevato con riferimento allo stesso periodo dell'anno 1998. A tal fine, entro il 30 settembre, si provvede alla ricognizione della predetta percentuale di variazione.

Nella legge finanziaria relativa all'anno per il quale ha effetto il suddetto decreto si farà fronte all'onere derivante dall'applicazione del medesimo decreto.

(1) Lettera abrogata dal D.L. 27 maggio 2008, n. 93.

(2) Lettera così sostituita dal D.L. 2 marzo 2012, n. 16.

(3) Lettera abrogata dal D.L. 25 giugno 2008, n. 112.

(4) Comma così modificato dall'art. 10, comma 5, d.lgs. 31 dicembre 2012, n. 248.

(5) Comma inserito dall'art. 1, comma 160, lett. a), L. 27 dicembre 2013, n. 147, a decorrere dal 1° gennaio 2014; per l'applicazione di tale disposizione, vedi l'art. 1, comma 161 della medesima L. 147/2013.

(6) Per le modifiche alla presente lettera, a decorrere dal 1° luglio 2015, vedi l'art. 1, commi 16 e 17, L. 23 dicembre 2014, n. 190.

(7) Comma così modificato dall'art. 1, comma 319, L. 23 dicembre 2014, n. 190, con effetto dal 1° luglio 2015."

Brevi considerazioni intorno all'art. 51 TUIR quanto al Lavoro all'estero

In particolare, si nota come la disposizione citata differenzi la rilevanza delle singole voci che compongono la retribuzione ai fini della determinazione del reddito imponibile, prevedendo un ampliamento della forbice in relazione al rimborso a vario titolo dei costi sostenuti.

Infatti, per fare un esempio, le indennità percepite per le trasferte o le missioni concorrono a formare il reddito per la parte eccedente € 77,47 al giorno, al netto delle spese di viaggio e di trasporto.

Nell'ipotesi in cui sia riconosciuto il rimborso delle spese di alloggio, ovvero di quelle di vitto, o di alloggio o vitto fornito gratuitamente, la soglia scende di un terzo con conseguente maggiore attrazione delle somme al reddito imponibile (parte eccedente € 51,56).

La soglia scende ulteriormente (due terzi) in caso di rimborso sia delle spese di alloggio che di quelle di vitto (parte eccedente € 25,82).

Nell'ipotesi di rimborso analitico delle spese per trasferte o missioni all'estero, invece, non concorrono a formare il reddito i rimborsi di spese documentate relative al vitto, all'alloggio, al viaggio e al trasporto. Parimenti non concorrono a formare il reddito i rimborsi di altre spese, anche non documentabili, eventualmente sostenute dal dipendente, sempre in occasione di dette trasferte o missioni, fino all'importo massimo giornaliero di € 25,82.

Inoltre le indennità di trasferimento ovvero quelle di prima sistemazione e quelle equipollenti non concorrono a formare il reddito nella misura del 50% del loro ammontare se il loro ammontare complessivo nel corso dell'anno (e solo per il primo anno in ipotesi di corresponsione per più anni) non supera la somma di € 4648,11.

Infine, per quanto concerne le spese di viaggio (comprese quelle dei familiari fiscalmente a carico ai sensi dell'art. 12, e di trasporto delle cose, nonché le spese e gli oneri sostenuti dal dipendente in qualità di conduttore, per recesso dal contratto di locazione in dipendenza dell'avvenuto trasferimento della sede di lavoro), se rimborsate dal datore di lavoro e analiticamente documentate, non concorrono a formare il reddito[18] , mentre gli assegni di sede e le altre indennità percepite per servizi prestati all'estero costituiscono reddito nella misura del 50%. [19] ottavo comma).

Qualora l'indennità per servizi prestati all'estero comprenda emolumenti spettanti anche con riferimento all'attività prestata nel territorio

[19] Art.51 comma 8

32

nazionale, la riduzione compete solo per la parte eccedente gli emolumenti predetti.

Trattamento dei rimborsi e riepilogo Black list: cenni

È opportuno segnalare, a fini di completezza, alcune particolarità relative alla sovrapposizione delle disposizioni relative al trattamento fiscale dei rimborsi con quelle dettate in materia di black list di cui al d.l. 40/2010 alla luce delle disposizioni di cui alla Circolare 2/E/2011 dell'Agenzia delle Entrate.

Si è posto infatti il problema se i documenti di spesa intestati ai dipendenti in trasferta nei Paesi Black list di cui al citato d.l. 40/2010 e inclusi nella nota spese debbano essere oggetto di riepilogo.

Sul tema l'Agenzia delle Entrate ha fornito la propria posizione interpretativa nella Circolare n. 2/2011 chiarendo che sono da considerarsi eslcuse dall'obbligo di riepilogo Black list le spese relative a prestazioni di servizi di cui il dipendente fruisce nel corso di trasferte in Paesi a fiscalità privilegiata alla condizione che i documenti relativi alle suddette spese siano intestati direttamente al dipendente che si trova in trasferta. Diversamente, ossia qualora il documento di spesa sia intestato direttamente al datore di lavoro, questi sarà tenuto a riepilogare gli importi nella comunicazione periodica.

Nozione di residenza fiscale secondo l'art. 2, comma II° e II° bis, del T.U.I.R.

33

L'invio di un lavoratore all'estero solleva una serie di questioni relative al regime fiscale da applicare al personale espatriato, soprattutto nel caso in cui l'assegnazione in un paese estero abbia una durata medio - lunga.

L'individuazione del suddetto regime è strettamente connessa alla nozione di residenza fiscale.

L'Italia infatti applica il principio della tassazione sulla base della residenza secondo il principio della *world wide taxation*: in applicazione di tale principio i soggetti vengono tassati secondo il regime fiscale vigente nel Paese della loro residenza anche in relazione ai redditi da essi prodotti o percepiti al di fuori dal suddetto Paese. Per contro, i soggetti non residenti sono tassati secondo le regole dello Stato della fonte (se diverso da quello di residenza) esclusivamente con riferimento ai redditi ivi prodotti.

Ne deriva pertanto – in linea generale - che se il lavoratore ha la residenza fiscale in Italia, sarà soggetto al regime fiscale italiano anche se svolge la sua prestazione in un Paese straniero. Questa regola conosce delle eccezioni, come subito vedremo.

Secondo la disposizione dell'Art. 2 comma II del TUIR, *ai fini delle* suddette imposte *"si considerano residenti le persone che per la maggior parte del periodo di imposta sono iscritte nelle anagrafi della popolazione residente o hanno nel territorio dello Stato il domicilio o la residenza ai sensi del codice civile"*. Il comma II bis aggiunge, inoltre, che "s*i considerano altresi' residenti, salvo prova contraria, i*

34

cittadini italiani cancellati dalle anagrafi della popolazione residente e trasferiti in Stati o territori diversi da quelli individuati con decreto del Ministro dell'economia e delle finanze, da pubblicare nella Gazzetta Ufficiale".

Per l'ordinamento giuridico italiano – pertanto - un soggetto è considerato fiscalmente residente in Italia se per la maggior parte del periodo di imposta (ossia 183 giorni nell'anno, ovvero 184 giorni nell'anno bisestile):

- è iscritto all'anagrafe della popolazione residente;

- ha la residenza in Italia ai sensi del codice civile;

- ha il domicilio in Italia ai sensi del codice civile

I requisiti elencati sono alternativi tra loro: in presenza di uno solo di questi un lavoratore italiano, ancorché inviato all'estero, rimane soggetto all'applicazione della disciplina tributaria nazionale.

Esaminiamoli, ora, singolarmente.

Iscrizione all'anagrafe.

E' il requisito più significativo: secondo l'insegnamento della Cassazione esso rappresenta una presunzione assoluta di residenza fiscale in Italia. Invero, la Suprema Corte ha stabilito che la semplice iscrizione all'anagrafe della popolazione residente *"preclude ogni ulteriore accertamento ai fini dell'individuazione del soggetto passivo d'imposta"* (Cass. 20

aprile 2006, n. 9319). Al contrario la circostanza che il lavoratore si sia cancellato dalla anagrafe della popolazione residente ed iscritto all'anagrafe degli Italiani Residenti all'Estero non comporta la perdita automatica della residenza fiscale italiana.

Residenza secondo il codice civile

L'art. 2, II° comma, del T.U.I.R richiama la nozione di residenza prevista dal Codice Civile il quale stabilisce che *"la residenza è nel luogo in cui la persona ha abituale dimora"*.

Due sono i requisiti richiesti dal legislatore perché sussista la residenza: un requisito oggettivo e uno soggettivo. Il primo consiste nella permanenza stabile del soggetto in un determinato luogo; il secondo nella volontà del soggetto di rimanervi.

L'Agenzia delle Entrate ha poi precisato che: *"affinché sussista il requisito dell'abitualità della dimora non è necessario la continuità o la definitività. Invero l'abitualità della dimora sussiste anche quando il soggetto lavori o svolga altre attività al di fuori del comune di residenza (del territorio italiano), purché vi ritorni quando è possibile e mostri l'intenzione di mantenervi il centro delle proprie relazioni familiari e sociali. La residenza, dunque, non viene meno per assenze più o meno prolungate, dovute alle particolari esigenze della vita moderna, quali*

20 Circolare dello Agenzia delle Entrate 2 dicembre 1997, n. 304/E

La nozione di residenza fiscale secondo il Modello OCSE

La definizione legale di "residenza" ai fini tributari può variare da ordinamento a ordinamento e, di conseguenza, possono crearsi delle situazioni di incertezza circa la definizione concretamente applicabile alla fattispecie.

Per dirimere tale difficoltà in ambito OCSE è stata elaborata una ulteriore definizione di "residenza" valida ai fini fiscali, trasfusa nel Modello di Convenzione internazionale contro le Doppie imposizioni. Detto modello costituisce la base sulla quale vengono di norma redatte le Convenzioni bilaterali contro le doppie imposizioni: tale definizione è volta ad evitare che un lavoratore espatriato possa considerarsi fiscalmente residente contemporaneamente sia in Italia sia nel Paese dove svolge la sua attività lavorativa

Il primo paragrafo dell'art. 4 del Modello OCSE rinvia, per la determinazione del concetto di residenza di una persona, alla normativa del singolo Paese contraente facendo riferimento alla *"residenza" nelle sue possibili declinazioni fattuali quali il domicilio, la residenza, la sede di direzione e "ogni altro criterio di analoga natura": tali situazioni vengono considerate dalla norma come presupposti per l'assoggettamento a tassazione del soggetto di cui si tratta.*

La regola, peraltro, non è in grado di risolvere tutti i problemi che la sua pratica applicazione può configurare e può quindi accadere che un lavoratore venga considerato fiscalmente residente in più Paesi secondo le rispettive norme nazionali.

A tale riguardo l'art. 4, paragrafo 2, del Modello Ocse prevede una serie di clausole volte a dirimere la questione. In particolare, secondo la suddetta disposizione, per determinare la residenza di un soggetto a fini fiscali è necessario applicare, in sequenza, questi test:

1) detta persona è considerata residente dello Stato contraente nel quale ha un'abitazione permanente. Quando dispone di un'abitazione permanente in ciascuno degli Stati contraenti, è considerata residente dello Stato contraente nel quale le sue relazioni personali ed economiche sono più strette;

2) se non è possibile individuare lo Stato contraente in cui la persona ha il centro dei suoi interessi viali, o se la medesima non ha una abitazione permanente in alcuno degli Stati contraenti, essa è considerata residente dello stato contraente in cui soggiorna abitualmente;

3) se detta persona soggiorna abitualmente in entrambi gli stati contraenti ovvero non soggiorna abitualmente in alcuno di essi, essa è considerata residente dello Stato contraente del quale ha la nazionalità;

4) se detta persona ha la nazionalità di entrambi gli stati contraenti, o se non ha la nazionalità di alcuno di essi, le autorità competenti, le autorità competenti degli Stati contraenti risolvono la questione di comune accordo.

I criteri di cui sopra seguono un preciso ordine gerarchico. Ne deriva, che ogni qual volta che si presenta la questione della doppia residenza fiscale occorre in prima battuta adottare il primo criterio (abitazione permanente) e solo ove questo risultasse inadeguato a dirimere la situazione si potrà passare alle regole successive.

La doppia imposizione fiscale.

Nei paragrafi precedenti si è detto che l'individuazione del regime fiscale da applicare ai redditi derivanti da prestazioni lavorative è quello delle residenza fiscale. Tuttavia, va ricordato che molti Paesi adottano il criterio impositivo della territorialità. Ciò vuol dire che in molti casi il lavoratore espatriato sarà chiamato a pagare le imposte nel Paese dove svolge la propria attività lavorativa e ciò a prescindere dal suo *status* di residenza.

Infatti la regola dei "183 giorni", sancita dall'art. 2, secondo comma del TUIR, ha efficacia solo per quei Paesi che hanno stipulato una convenzione contro la doppia imposizione con l'Italia.

Tale convenzioni sono finalizzate ad individuare, in caso di conflitto, lo Stato che può legittimamente applicare il proprio regime impositivo su un determinato reddito, le modalità e gli eventuali limiti con le quali detta potestà impositiva può essere esercitata nonché le misure da adottare per evitare gli effetti della doppia imposizione giuridica (cioè la doppia tassazione del medesimo reddito in capo allo stesso soggetto).

L'art 15 del Modello OCSE

L'art. 15 del Modello OCSE sancisce la regola generale secondo la quale *"i salari, gli stipendi e le altre remunerazioni analoghe che un residente di uno Stato contraente riceve in corrispettivo di un'attività dipendente sono imponibili soltanto in detto Stato, a meno che l'attività non venga svolta nell'altro Stato contraente. Se l'attività è quivi svolta, le remunerazioni percepite a tal titolo sono imponibili in questo altro Stato".* In altri termini, il Modello Ocse ha fissato il principio valevole nella stragrande maggioranza dei Paesi secondo cui il reddito percepito da soggetti fiscalmente residenti in altri paesi viene assoggettato ad imposizione in uno Stato solo se l'attività lavorativa viene svolta nel territorio dello stesso.

Il secondo paragrafo dell'art 15 continua dicendo che *"Nonostante le disposizioni del paragrafo 1, le remunerazioni che un residente di uno Stato contraente in corrispettivo di un'attività dipendente svolta nell'altro Stato contraente sono imponibili soltanto nel primo Stato se:*

1) *il beneficiario soggiorno nell'altro stato per un periodo o periodi che non oltrepassano in totale 183 giorni in un periodo di dodici mesi che inizi o termini nel corso dell'anno fiscale,e*

2) *le remunerazioni sono pagate da o a nome di un datore di lavoro che non è residente dell'altro stato, e*

3) *l'onere della remunerazione non è sostenuto da una stabile organizzazione o da una base fissa che il datore di lavoro ha nell'altro Stato".*

Le tre condizioni si devono verificare congiuntamente.

Tale norma può essere spiegata con un semplice esempio. Il reddito prodotto all'estero da un dipendente italiano con residenza fiscale in Italia che svolge la propria attività lavorativa fuori dai confini nazionali per un periodo inferiore a 183 giorni e che viene remunerato dall'Italia, sarà sottoposto solo al regime fiscale italiano.

Il credito per le imposte pagate all'estero. Art. 165, comma I e comma X, del T.U.I.R.

Se l'attività lavorativa prestata all'estero si protrae per più di 183 gg. lo Stato italiano esercita il proprio potere impositivo sulla base del criterio di residenza fiscale e lo Stato estero sulla base del principio di territorialità.

Questa situazione di doppia imposizione viene disciplinata facendo ricorso alle norme di diritto interno ovvero alle disposizioni contenute nelle Convenzioni contro le doppie imposizioni qualora lo Stato della prestazione e lo Stato della fonte siano reciprocamente accordisti.

Al riguardo l'art. 165, comma 1 del TUIR – sul presupposto che la doppia imposizione si sia verificata - riconosce al contribuente che abbia pagato imposte sia in Italia sia nel Paese straniero su un medesimo reddito ivi prodotto, un credito di imposta da portare in detrazione dal tributo italiano. La norma prevede un limite di natura assoluta rispetto alla detraibilità delle imposte pagate all'estero e detto limite viene espresso tramite il calcolo seguente:

Limite imposta estera detraibile = Imposta lorda x (Reddito prodotto all'estero:Reddito complessivo)

Ai fini dell'applicabilità di tale norma è necessario il concorso dei seguenti presupposti:

1) che il reddito sia soggetto ad imposizione fiscale anche in Italia;
2) che il suddetto reddito abbia concorso al formare il reddito complessivo;
3) deve trattasi di un reddito prodotto all'estero;
4) l'imposta estera sia pagata a titolo definitivo.

In relazione al concetto di "definitività" dell'imposta assolta si precisa che si considera pagata a titolo definitivo soltanto l'imposta per la quale lo Stato non ha più il potere di esercitare alcuna rettifica per essere scaduti infruttuosamente i termini previsti per l'attività di accertamento. La tesi, di fatto, è insostenibile nel caso di specie e deve essere sostituita con un'interpretazione più temperata del concetto di "definitività" del pagamento, il quale viene avvicinato, piuttosto, ad un pagamento "non più ripetibile" effettuato dal contribuente. Possono essere considerate versate a titolo definitivo le imposte pagate a seguito di autoliquidazione (ad esempio, in sede di dichiarazione periodica), quelle pagate tramite il meccanismo della ritenuta alla fonte a titolo di imposta e tutti i tributi versati a seguito di notifica di cartella di pagamento da parte dell'Autorità fiscale estera, eventualmente anche in rettifica dei risultati di una dichiarazione periodica. Non sono considerate invece pagate a titolo definitivo le imposte assolte tramite il meccanismo della ritenuta d'acconto ovvero quelle pagate quali acconti rispetto al periodo di imposta successivo, in quanto per tali tributi può configurarsi un eventuale diritto al rimborso a favore del contribuente.

La tassazione del lavoro dipendente prestato all'estero, peraltro, rientra nel campo di applicazione anche del comma X del medesimo Art. 165 T.U.I.R. il quale disciplina il limite del credito di imposta spettante al contribuente residente nell'ipotesi in cui il reddito prodotto all'estero concorra parzialmente alla formazione del reddito complessivo. La norma dispone infatti che *"nel caso in cui il reddito prodotto all'estero concorra parzialmente alla formazione del reddito complessivo, anche l'imposta estera va ridotta in misura corrispondente.*

Detta disposizione, in virtù di una discutibile norma di interpretazione autentica della legge tributaria, si applica anche ai redditi da lavoro dipendente di cui al comma 8-bis dell'art. 51 del Testo Unico[21], ossia a quei redditi che concorrono a formare l'imponibile sulla base delle retribuzioni convenzionali definite annualmente con decreto dal ministero del lavoro. Il limite di cui all'Art. 165 T.U.I.R. può essere pertanto schematizzato come segue:

Imposta estera detraibile = Imposta estera x (retribuzione convenzionale : reddito dipendente tassato all'estero)

Il combinato disposto delle due disposizioni può comportare per il lavoratore una situazione che può rivelarsi anche sfavorevole poiché il limite previsto dall'Art. 165 comma X del T.U.I.R. è previsto in alternativa – e quindi si aggiunge – a quello di cui al comma I della norma, imponendosi così al contribuente di portare in detrazione l'importo minore tra quelli individuati.

---

[21] Art. 36 comma 30 d.l. 223/2006.

5. La contribuzione del Lavoro all'estero

Anche sulla contribuzione, il datore di lavoro opera da sostituto di imposta. La contribuzione, poi, rappresenta un credito irrinunciabile e indisponibile da parte del lavoratore e non oggetto di validi atti di rinuncia e transazione. Una volta terminato il periodo massimo stabilito negli accordi il lavoratore rimane soggetto al regime di sicurezza sociale del Paese dove presta la sua attività lavorativa, con conseguente pagamento dei contributi secondo le norme vigenti in quel Paese.

Paesi parzialmente convenzionati

Vi sono poi Paesi che hanno stipulato con l'Italia degli accordi che solo in parte coprono le forme previdenziali e assistenziali previste dal nostro ordinamento. La differenza rispetto ai paesi convenzionati risiede nel fatto che là dove è previsto dagli accordi le regole da applicare sono quelle previste per i paesi convenzionati (quindi la base imponibile contributiva è determinata facendo riferimento alla retribuzione effettivamente erogata), mentre in tutti quei casi in cui le forme previdenziali e assistenziali non sono coperte dall'accordo la base imponibile è determinata in base alla l. 398/87.

Paesi non convenzionati

L'art. 1, 1° comma, della L. n. 398/87 disciplina l'ipotesi dei lavoratori italiani operanti in paesi extracomunitari con i quali non sono in vigore accordi di sicurezza sociale. La norma prevede l'obbligo di iscrizione di questi lavoratori alle seguenti forme di previdenza ed assistenza sociale, secondo le norme vigenti in Italia:

- invalidità, vecchiaia e superstiti;
- tubercolosi;
- disoccupazione involontaria;

- infortuni sul lavoro e le malattia professionali;

- malattie;

- maternità.

L'obbligo di iscrizione sussiste nei confronti:

- datori di lavoro residenti, domiciliati o aventi la propria sede, anche secondaria, nel territorio italiano;
- le società costituite all'estero con partecipazione italiana di controllo ai sensi dell'art. 2359 Cod. Civ:
- le società costituite all'estero, in cui persone fisiche e giuridiche di nazionalità italiana partecipano direttamente, o a mezzo di società da esse controllate, in misura complessivamente superiore ad un quinto del capitale sociale;
- i datori di lavoro stranieri.

In questi casi la base imponibile è determinata facendo riferimento a retribuzioni convenzionali che sono stabilite con apposito decreto interministeriale. Per quanto riguarda il peso contributivo a carico del datore di lavoro, la corrispondente aliquota è ridotta di dieci punti percentuali rispetto a quella ordinaria.

6. Modalità operative del Lavoro all'estero

In Italia burocrazia e adempimenti amministrativi rappresentano a tutti gli effetti dei costi e degli impedimenti non solo per l'accesso al Lavoro all'estero, ma un po' a tutte le scelte imprenditoriali.

In questo capitolo tratteremo del procedimento per richiedere l'autorizzazione al Lavoro all'estero del lavoratore subordinato.

La normativa di riferimento è data dal combinato disposto del D.P.R. 19 giugno 1997, n. 247 con il regolamento previsto dalla Legge 398/87, che prevede un apposito procedimento di autorizzazione in caso di assunzione o di trasferimento di lavoratori italiani in Paesi non aderenti all'Unione europea. Mentre, per quelli aderenti non è necessaria alcuna autorizzazione ministeriale essendo in vigore il trattato di Schengen.

Il procedimento in parola, che va attivato a prescindere dall'esistenza di accordi bilaterali, implica l'obbligo da parte del datore di lavoro di presentare una domanda in bollo alla Direzione generale per l'impiego presso il Ministero del Lavoro, corredata da necessaria documentazione.

Copia della domanda dove essere trasmessa anche al Ministero degli affari esteri.

Un'ulteriore copia dovrà poi essere inviata alla Direzione Regionale del lavoro territorialmente competente, con riferimento alla sede del richiedente (D.M. 16 agosto 1988).

Per i datori di lavoro residenti all'estero la richiesta può essere inoltrata all'Ufficio consolare competente, ovvero direttamente al Ministero del lavoro tramite corrispondenti residenti in Italia al quale è stato conferito il mandato per l'espletamento degli obblighi previsti dalla Legge n. 398/1987.

Il Ministero degli Esteri, per i Paesi c.d a rischio, deve rilasciare il proprio parere al Ministero del Lavoro entro 45 gg dalla data di ricevimento della copia dell'stanza da parte del competente ufficio della Direzione generale dell'emigrazione e degli affari sociali. Ove, nei dieci giorni successivi al citato periodo di 45 giorni, il Ministero del lavoro non riceva il suddetto parere, questo si considera acquisito favorevolmente.

Nei 75 gg successivi (90 se la richiesta è presentata all'estero) il Ministero del Lavoro rilascia all'azienda richiedente l'autorizzazione. Decorsi inutilmente questi termini l'autorizzazione si intende concessa.

I suddetti termini decorrono:

1) dalla data di ricevimento della richiesta dell'azienda;

2) dalla data di ricevimento della domanda regolarizzata o completata, nel caso in cui sia stata richiesta una modifica o un'integrazione della documentazione. il Ministero del Lavoro può richiedere detta integrazione entro 60 giorni dalla data di ricevimento della domanda;

3) dalla data del ricevimento, del parere del Ministero degli Esteri, nel caso in cui il Paese straniero di destinazione dei lavoratori sia escluso dall'elenco degli Stati non a rischio.

L'autorizzazione è valida 6 mesi.

La documentazione richiesta a corredo della domanda è la seguente:

1) certificato di iscrizione alla CCIAA;
2) documentazione relativa al conferimento ed accettazione del mandato – per atto pubblico - ad un soggetto residente in Italia e della corrispondente accettazione del mandatario con obbligazione solidale per l'adempimento di tutti gli obblighi

previsti dalla Legge n. 398/1987. Qualora la domanda sia presentata direttamente, essa va corredata di documentazione equipollente, tradotta in lingua italiana e autenticata dalle Autorità consolari italiane;

3) copia del contratto di lavoro;

4) copia del contratto di appalto (qualora l'attività da svolgere non sia oggetto di un tale tipo di contratto, occorre specificare la fattispecie contrattuale o il titolo giuridico inerente all'esercizio dell'attività medesima);

5) un'apposita relazione, nei casi di assunzione e/o trasferimento effettuato senza preventiva autorizzazione, dalla quale si rilevino le condizioni necessarie di necessità ed urgenza richieste dalla disposizione citata, nonché l'assunzione degli obblighi nei confronti dei lavoratori, nominativamente indicati, con riferimento a livelli ed ai trattamenti economico-nominativo.

Va infine ricordato che la domanda di autorizzazione deve contenere:

1) l'indicazione della persona fisica o giuridica per la quale ricorre l'obbligo della prescritta autorizzazione a norma del DPR 346/94;

2) la consistenza numerica dei lavorati interessati con i corrispondenti livelli e trattamenti economico-normativi;

3) la località dove i lavoratori vengono inviati e l'eventuale programmazione di assunzioni/trasferimenti.

Certificato di distacco (o di assicurazione)

Esistono diversi Paesi extraeuropei che hanno stipulato con l'Italia delle convenzioni di sicurezza sociale che consentono per un determinato periodo di tempo di applicare al dipendente che svolge la propria attività lavorativa in uno di questi Paesi, il regime di previdenziale italiano.

In questi casi è onere del datore o del lavoratore inoltrare all'Inps una richiesta di rilascio di un certificato denominato certificato di distacco o di assicurazione che ha la funzione di attestare, nei confronti dell'organismo assicuratore del paese straniero di lavoro, il permanere dell'obbligo assicurativo secondo il regime previdenziale italiano.

La richiesta dev'essere corredata dalla copia del certificato di assicurazione già compilato nella parte relativa ai dati individuali del lavoratore e dell'impresa.

Per i Paesi comunitari il certificato di distacco è costituito dal modello E 101 che può essere utilizzato anche per il distacco in paesi extracomunitari per i quali manca una specifica modulistica.

Per quanto riguarda le eventuali proroghe al periodo di distacco, esse devono essere autorizzate dall'autorità competente del Paese straniero ove si svolge il lavoro e la relativa domanda deve essere inoltrata dal datore di lavoro prima della scadenza del termine di distacco autorizzato. In questi casi il datore di lavoro deve inoltrare una apposita richiesta al ministero del lavoro che provvederà a chiedere l'accordo all'autorità competente del paese straniero interessato, alla richiesta dev'essere allegata un'apposita relazione con la quale sono adeguatamente illustrate le motivazioni che stanno alla base delle richiesta.

Per i Paesi comunitari la richiesta di proroga è costituita dal modello E 102 che anche in questo caso può essere utilizzato anche per il distacco in paesi extracomunitari per i quali manca una specifica modulistica.

In caso di trasferimento o di distacco all'estero di un dipendente, il datore di lavoro deve provvedere a dare apposita comunicazione telematica al competente ufficio per l'impiego entro 5 gg dall'evento.

afterword

Le norme operative e la modulistica, così come la legislazione giuslavoristica, fiscale e contributiva, sono in fase di costante aggiornamento, di cui è pressocchè impossibile dare puntuale riscontro con uno strumento tradizionalmente statico come il libro, e-book compresi.

Il senso del presente volume va ricercato altrove, ovvero in una trattazione finalmente unitaria dei diversi, interconnessi, aspetti della tematica affrontata: il Lavoro all'estero del collaboratore di impresa, per uscire da una sorta di "miopia" che inevitabilmente l'analisi dei dettagli porta rispetto al quadro di insieme.

Internet andrebbe consultato non come un oracolo, una novella Sibilla globale a cui fornire domande persino più frettolose e incomplete delle risposte che si ottengono.

Buon approfondimento.

Gli autori

GLI AUTORI

Francesca di Bon Pellicciolli, Avvocato del Foro di Venezia , autrice dei capitoli 4, 5 e 6

Articoli e saggistica:

PMI, Ipsoa – WKI

"Il passaggio del rischio nelle vendite internazionali: l'applicabilità della Convenzione di Vienna e le principali decisioni internazionali sul punto. Aspetti pratici per l'operatore".

"La trattativa nelle operazioni del commercio internazionale: lo scambio di "lettere di intenti" è davvero vincolante?".

"Le operazioni internazionali assistite da contratto di factoring: una visione dedicata alle PMI. Alcuni aspetti operativi".

"Etichettatura, Made in e marchio: la valorizzazione delle strategie organizzative d'impresa e il rispetto della normativa".

"Gli accordi di coesistenza tra rischio di confusione e normativa antitrust".

"Il Regolamento CE "Roma II" sulla legge applicabile alle obbligazioni extracontrattuali. Le fattispecie rilevanti per l'impresa"

"Importazioni parallele, promessa del fatto del terzo e tutela del concessionario".

"Common law e Civil law in materia contrattuale, le principali differenze. Le conseguenze della legge inglese come applicabile law"

"Globalizzazione e contraffazione: la tutela anticipata prevista dal Reg. CE 1383/2003".

"L'ingiunzione europea di pagamento: vademecum per l'operatore"

"Lavoro all'estero: aspetti fiscali, contributivi e operativi" I parte parte

"Anche le PMI hanno cervello da vendere!"

"L' impossibilità sopravvenuta nella vendita internazionale : come redigere correttamente una lettera di "giustificazione".

"La "forma" nel contratto internazionale di vendita: quanto l'abito (non) fa il monaco".

"La mediazione in Italia: possibile strumento anche per le liti internazionali?".

"La marcatura CE: guida pratica per le PMI".
"Contratto di vendita e di subappalto internazionale: un caso".La mediazione internazionale in Italia e la recente riforma: quali vantaggi per le PMI?".Un contratto atipico di cooperazione internazionale commerciale tra PMI: profili pratici".

Commercio internazionale, Ipsoa – WKI
"La nuova tutela del credito nel commercio internazionale dopo il Regolamento 805/2004 del Parlamento Europeo e del Consiglio".
"Medio Oriente: i contratti di sfruttamento delle risorse naturali".
"Siria: novità normative in materia di IP".
"Siria: la nuova legge a tutela del consumatore".
"Organizzare un processo di internazionalizzazione: le variabili legali".
"I vantaggi dell'arbitrato amministrato nelle controversie derivanti da rapporti commerciali internazionali".

Fiscalità internazionale, Ipsoa – WKI
"Cross-border mergers of limited liability companies: some considerations on fiscal implications" I, II con avv. Najdat Al Najjari coautore.
"Aspetti fiscali del trasferimento cross-border dei diritti di proprietà intellettuale" con avv. Najdat Al Najjari coautore.

Fiscalità e Commercio internazionale, Ipsoa – WKI
"Pianificare un'operazione di internazionalizzazione in Libia" con avv. Najdat Al Najjari coautore.
"La nascita dell'obbligazione secondo il nuovo Codice Doganale: criticità" con avv. Najdat Al Najjari coautore.
"I diritti di Proprietà industriale nei contratti di subfornitura internazionale: profili fiscali e civilistici di prassi"
"UAE: Inserto di approfondimento"
"Consulenza commerciale in Australia: struttura contrattuale e trattamento fiscale"
"Arabia Saudita: Inserto di approfondimento"
"Società commerciali in Oman e investimento estero"

"Importazione di beni e royalties in Europa e India"**Rivista "Il Doganalista" – ed. Consiglio Nazionale Spedizionieri Doga**"Profili di responsabilità del doganalista", n. 2/2013 coautore

Ipsoa - WKI

"Controversie e contenzioso doganale. Profili di prassi amministrativa, processuale e INTRASTAT" coautore. Manuale. 2009
Iemme Edizioni

Expo.eat. Il cibo ai tempi dell'expo. Coautore. Napoli, 2015, Iemme Edizioni.Codice Isbn 9788897776628

<u>Roberto Colantonio</u>, avvocato del Foro di Napoli

Autore dei capitoli 1, 2 e 3

Cura i blog: lavoratorieimprese.com e lavorosa.wordpress.com

Pubblicazioni:
Diritto del lavoro, Collana Lavoratori e imprese
"Babbi Lavoratori", autore, 2015.
ISBN-13: 978-1512213256
Su Amazon.it, formato cartaceo e kindle

Diritto del lavoro, Collana Lavoro rosa
"I diritti delle lavoratrici madri", autore, 2015.
ISBN-13: 978-1512194418
Su Amazon.it, formato cartaceo e kindle

Diritto civile, Collana Lavoratori e imprese
"Divieto di concorrenza per il collaboratore di impresa" autore, 2015.
ISBN-13: 978-1512059687
Su Amazon.it, formato cartaceo e kindle

Diritto agroalimentare, Iemme Edizioni
"Expo.eat, il cibo ai tempi dell'Expo" coautore, 2015. Codice
Isbn 9788897776628
disponibile nelle librerie Feltrinelli

Diritto del lavoro, Iemme Edizioni
"Lavorare in nero, breve manuale a tutela del lavoratore irregolare",
autore 2014. Codice isbn 97888977764061
disponibile nelle librerie Feltrinelli

Contrattualistica, Iemme Edizioni

"Locazioni di Opere d'arte in Svizzera", autore 2014. Codice isbn
9788897776420
disponibile nelle librerie Feltrinelli

Contrattualistica, Iemme Edizioni

"L'arte condivisa, forme di commercializzazione delle opere d'arte
diverse dalla compravendita", autore 2012 . Codice isbn
9788897776031
disponibile nelle librerie Feltrinelli

Fiscalità, Iemme Edizioni

"Il Sole a Lugano, come e perché aprire un conto in Svizzera",
autore. 2011. Codice isbn 9788897776000
I° edizione: "aggiornata al decreto Salva Italia convertito in legge"
II° edizione: "Dopo Cipro salvarsi dai prelievi forzosi"
disponibile nelle librerie Feltrinelli

Tutti i libri dell'avv. Roberto Colantonio sono acquistabili presso gli
store Feltrinelli e le librerie Esselibri – Simone Libri.
Oppure ordinabili online su
http://www.feltrinelli.it
http://www.amazon.it
http://www.ibs.it
per la versione ebook:
http://www.bookrepublic.it